彦根城を極める

はじめに

―彦根築城の経緯―

彦根城といえば、国宝の天守閣を思い浮かべられることでしょう。さらに譜代筆頭井伊家の居城ということでも有名です。これまで彦根城に残された建物については数多くの書籍が刊行されていますが、その城郭構造「縄張り」についてはほとんど語られることがありませんでした。城郭とは軍事的な防御施設であり、縄張りと呼ばれる構造にこそ、城郭の持つ魅力が秘められているのです。幸いなことに、彦根城では中堀より内側の構造がほぼ残されています。本書はそうした彦根城の構造を探るために企画したものです。

さて、彦根城の構造については本書のなかで充分に楽しんでいただきますので、ここでは彦根築城の経緯について述べてみたいと思います。織豊政権下の近江湖東地域では佐和山城が拠点城郭として整備されます。慶長5年（1600）の関ヶ原合戦では西軍石田三成の居城となっていた佐和山城は東軍井伊直政、小早川秀秋、田中吉政らに攻められ落城します。合戦に勝利した徳川家康は三成の領地を井伊直政に与えます。直政は佐和山城に入城して領国経営に乗り出しますが、同７年に病没します。嫡子直継は幼少で、これを補佐した家老木俣土佐は彦根山への新城の築城について徳川家康の許可を得ます。

彦根山への築城工事は慶長９年(1604)に開始されます。この工事には幕府より３人(６人とも)の公儀奉行が派遣され、各地より助役の大名、旗本が動員されるという天下普請でした。『木俣記録』によれば動員された助役は28大名、９旗本におよんでいます。彦根築城が単なる井伊家の居城というものではなく、大坂城に対する最前線の城として軍事的緊張状態での築城であったことを物語っています。これが慶長の第Ⅰ期築城工事であり、彦根山の頂部を中心に城郭部が築かれ、藩主の居住空間も本丸に構えていました。さらに内堀以内の山麓には重臣屋敷が配置され内郭の防御を担っていました。

元和元年(1615)の大坂夏の陣によって元和偃武を迎えると彦根城の築城工事が同２年より改めて着工されることになります。これが元和の第Ⅱ期工事です。第Ⅱ期工事では内郭に配されていた重臣屋敷が第２郭へ移され、その跡地に表御殿や山崎丸などが造営されることになりました。第Ⅱ期築城工事として城廻りの石垣や高塀、諸門が完成するのは元和８年(1622)頃と考えられます。

第Ⅰ期築城工事が臨戦体制下の軍事的築城と位置付けするならば、第Ⅱ期築城工事は井伊家の居城としての整備工事として位置付けできます。

最後になりましたが、本書は実際に彦根城を歩いていただくために編んだものです。ぜひ本書を片手に彦根城の城郭構造の魅力を堪能していただければ幸いです。

彦根城を極める もくじ

Contents

彦根城を歩く

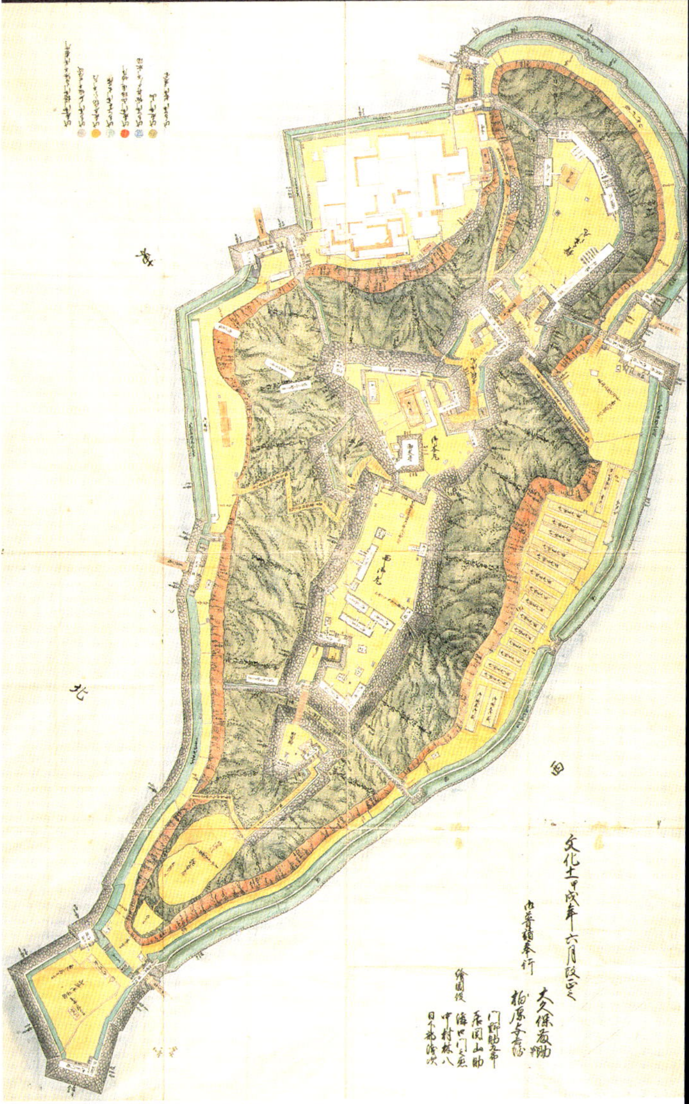

御城《ごじょう》内《ない》御《おん》絵図《えず》（彦根城博物館蔵） 彦根城の内堀以内を詳細に描いた絵図です。文化11年（1814）に作成されたもので、書き込みなどから彦根藩の普請方によって作成された絵図と考えられます。

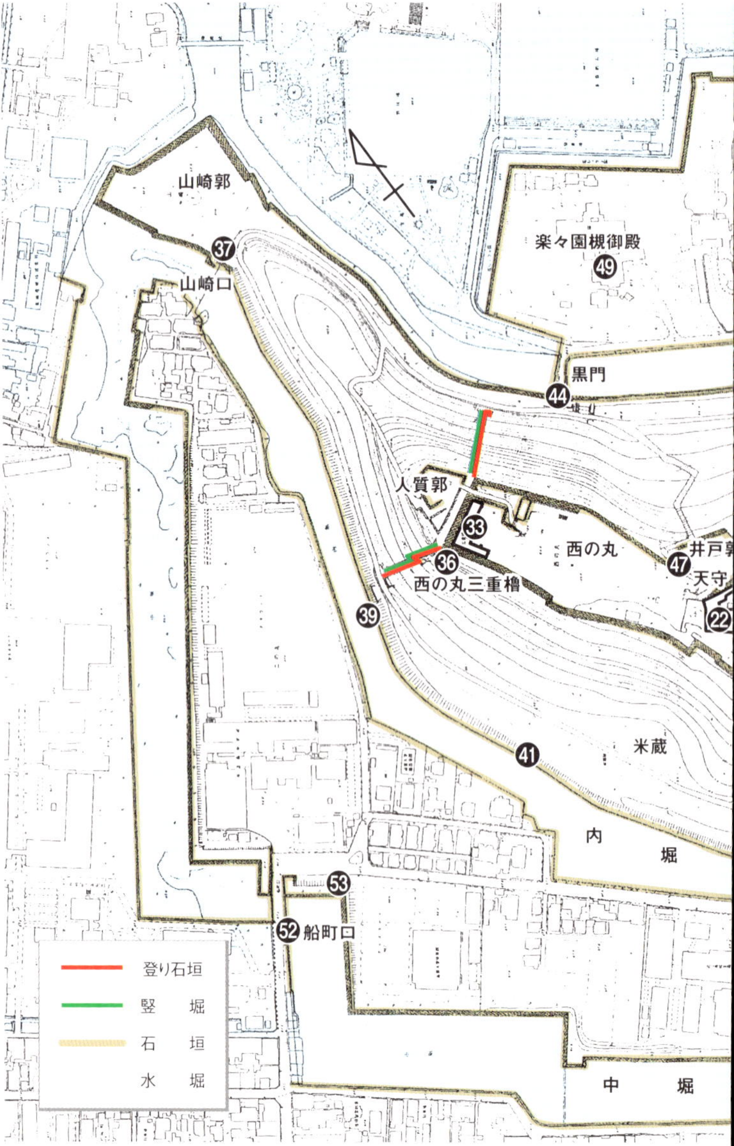
山崎郭
37
山崎口
楽々園槻御殿
49
黒門
44
人質郭
33
西の丸
36
西の丸三重櫓
井戸
47
天守
22
39
41
米蔵
内
堀
53
52
船町口
中
堀
登り石垣
竪　堀
石　垣
水　堀

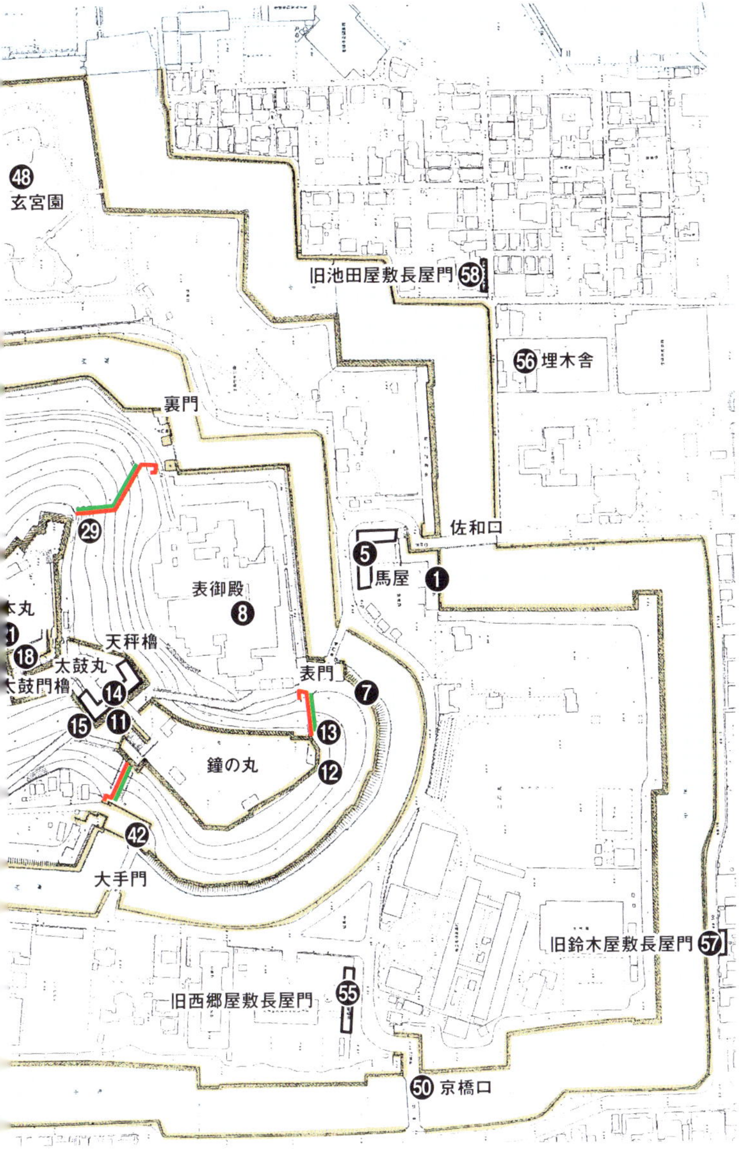

48
玄宮園
旧池田屋敷長屋門 58
56 埋木舎
裏門
佐和口
5
馬屋
1
29
表御殿
8
18
天秤櫓
太鼓丸
14
11
15
表門
7
13
12
鐘の丸
42
大手門
旧鈴木屋敷長屋門 57
55
旧西郷屋敷長屋門
50 京橋口

佐和口多聞櫓

さわぐちたもんやぐら

❶二の丸佐和口多《た》聞《もん》櫓《やぐら》（重要文化財）

中堀の東面に構えられた城門が佐和口です。大手の反対に位置する搦手にあたります。その脇に構えられた多聞櫓は明和４年（1767）の火災後、同６年から８年にかけて再建されたものです。

❷佐和口多聞櫓の内側

佐和口多聞櫓を城内から見たものです。扉以外窓もなく、漆喰によって塗り込められています。城外側❶の窓や狭間を多く設けた攻撃的な壁面とは極めて対照的です。

❸道路に残る櫓門の礎石

明治初年に解体された佐和口の櫓門の礎石には四角い柱の痕跡が残されています。

❹佐和口多聞櫓古写真

正面に高麗《こうらい》門、内側に櫓門を構えた典型的な枡形門が写されています。

佐和口の構造

二の丸の搦手に相当する佐和口には正面一の門を高麗門、枡形内部二の門を櫓門とする典型的な枡形門です。さらに一の門の両側には多聞櫓が構えられ、その両端を二重櫓とする厳重な構えとなっています。佐和口は明和4年(1767)に焼失後、同6年より再建にとりかかり、同8年に完成しました。これが正面向かって左に現存する佐和口多聞櫓で重要文化財に指定されています。多聞北端が切妻となっているのは櫓門が明治初年に解体されたためです。なお、向かって右側の多聞櫓は昭和35年に再建されたものです。

❺馬屋《うまや》（重要文化財）

馬屋は平面L字形となり、21室から構成されています。城郭では現存する唯一の馬屋です。屋根は柿葺《こけらぶき》で、壁は上を大壁、下を簓《ささら》子《こ》下《した》見《み》板張《いたばり》としています。

❻馬屋内部

馬屋には馬立場、馬繋場と管理用の小部屋が設けられています。

❼鉢巻・腰巻石垣

内堀に面する石垣はそう高くはありません。さらに全体を石垣とするのではなく、上部と下部のみを石垣とし、その間を土居としています。上部の石垣を鉢巻石垣、下部の石垣を腰巻石垣と呼んでいます。

内堀と中堀に囲まれた第二郭は内曲輪と呼ばれ、中堀に面して佐和口、京橋口、船町口の３ヶ所に枡形門が設けられていました。築城当初より高禄の家臣の屋敷地で、特に３ヶ所の枡形脇には重臣が配されていました。馬屋も二の丸に置かれていたほか、北側には槻《けやき》御殿など藩主の下屋敷も構えた一画でした。

内堀に面する石垣は全面を石垣とするのではなく、上部を鉢巻石垣、下部を腰巻石垣とし、その間を芝土居とするものです。こうした構造は石垣を多用する西国では他に見ることができません。東国では江戸城や会津若松城などに類例がみられます。この石垣は彦根城の大きな特徴のひとつです。

表御殿《おもてごてん》

❽復元された表御殿

表御殿の正面は腰巻石垣とし、上部は芝土居となっています。

❾表御殿古写真

解体前の表御殿で、中央が御広間、右側が御書院。左端が表門口で、高麗門と櫓門が写されています。

本丸と鐘の丸に抱かれた谷部は居館を構えるには最適の場所でした。しかし、築城当初からここに居館としての表御殿が構えられていたわけではないようです。慶長期の築城に際しては内堀以内の第一郭には木俣土佐や鈴木主馬など重臣の屋敷が配されていました。表御殿部分に誰が配置されていたかは不明ですが、ここにも当初は重臣が配置されていたと考えられます。表御殿が構えられた確かな年代は不明

⑩表御殿能舞台

表御殿は明治11年（1878）に解体されましたが、能舞台は護国神社に移築され、表御殿復元とともに再び原位置に戻されました。

ですが、おそらく元和の二期工事には完成していたようです。その後幾度かの増改修が施されています。興味深いのは大坂城が存在する慶長期では山上に居館を持ち、元和偃武によって山麓に居館が降りたことです。ここに臨戦体制下に築かれた彦根城の真の姿を見ることができます。なお、鐘の丸と本丸月見（着見）櫓から表御殿両端部を結ぶ登り石垣（竪石垣）に守られる構造は、山上と山下を一体化して防御する構造として注目されます。

⓫鐘の丸と天秤《てんびん》櫓《やぐら》を結ぶ橋と大堀切

鐘の丸と天秤櫓の間には巨大な堀切が設けられています。大手や表門口より進入した敵はこの堀切で挟撃にさらされます。

彦根城の縄張りは戦国的で大変興味深い。まず彦根城は山城であると言えます。そのため彦根山を分離独立して防御することから太鼓丸と鐘の丸間と、西の丸と人質郭間に巨大な堀切を設けています。近世城郭でこれほど巨大な堀切を設けた縄張りは他に例を見ません。この堀切も彦根城の特徴です。山麓より堀切に至った敵兵は両側の曲輪より挟撃を受けることとなるわけです。さらに太鼓丸と鐘の丸間の堀切の両端には櫓門が構えられており、堀切への進入も阻止していました。

さて、鐘の丸は太鼓丸に突出して設けられた出曲輪で、『井伊年譜』には「鐘丸縄張城中第一ノ出来ノ由、」と記されており、彦根城中で最も堅固な曲輪と評価されています。円形に形作られた鐘の丸は巨大な馬出として設けられていたと考えられます。その内部には御広間御殿と御守殿が建てられていました。御守殿は二代将軍徳川秀忠の娘、東福門院が後水尾天皇に入内のため上洛するにあたって建立されたものです。

⓬鐘の丸石垣

鐘の丸は円形にするため隅はシノギ積みとしています。

⓭鐘の丸登り石垣と竪堀

鐘の丸からは大手と表御殿へ向かう斜面に登り石垣と竪堀が設けられていました。

⑭天秤櫓（重要文化財）

太鼓丸の正面に構えられた櫓は天秤のように見えます。しかし、よく見ると決して左右対称ではありません。両端の二重櫓の屋根は右側が棟入り、左側が妻入りとなっています。

⑮天秤櫓南端の二重櫓

大手登城道の正面に配置されており、攻め上る敵は常に頭上からの攻撃にさらされることになります。登城道はこの櫓の下で直角に右に折れますが、そこには門が構えられ、城内への進入を阻止しています。

⑯天秤櫓西側の石垣

橋よりも西側の石垣は落し積みで幕末に修理された石垣です。

⑰天秤櫓東側の石垣

橋よりも東側の石垣は打込ハギ工法で、築城当初の石垣です。

本丸への第一関門が鐘の丸とするならば、その対岸に位置する太鼓丸は第二の関門と言えます。正面に構えられた櫓はその形状より天秤櫓と呼ばれています。『井伊年譜』には「鐘ノ丸廊下橋、多門櫓ハ長浜大手ノ門ノ由、」とあり、この天秤櫓が長浜城の大手を移築したものであることが記されています。さらに『井伊年譜』には「今ニ所々藤ノ丸ノ紋ノ瓦残リ有之」とあります。現在天秤櫓の鬼瓦には確かに藤紋が認められます。しかし鬼瓦の藤紋は上り藤です。内藤家の藤紋は下り藤であり、矛盾が生じています。現在葺かれている鬼瓦は古いものではなく、明治25年の修理時に製作され、そのとき瓦職人が上下逆に製造したものと考えられます。なお、天秤櫓の前には廊下橋が架けられていましたが、非常時には橋を落として敵の進入を阻止するよう考えられていました。

太鼓門櫓

たいこもんやぐら

⑱太鼓門櫓《たいこもんやぐら》および続櫓《つづきやぐら》（重要文化財）

太鼓門は櫓門とそれに付属する多聞櫓から構成されています。この門も新築ではなく、移築されてきた城門であることが確認されました。

本丸への最後の関門として構えられているのが、太鼓門櫓とその続櫓です。太鼓門は両側の石垣に渡された冠木《かぶき》の中央に両開きの大扉と、北側に片開きの潜り戸が設けられ、その門上に櫓が載せられています。この櫓門の最大の特徴はその背面にあります。櫓門の背面も普通は塗込の大壁となりますが、この太鼓門では壁面が開放され、柱間に高欄をつけて一間通りを廊下としています。なぜこのような構造となったかは定かではありませんが、その名の通り櫓内部に太鼓が置かれ、その音が城内により聞こえるように背面を開放していたと伝えら

⑲太鼓門内側

櫓門の城内側は柱間に高欄がつけられ廊下となっています。

⑳太鼓門櫓西側の岩を利用した石垣

太鼓門の前面は岩盤を削り出して外枡形空間を設けています。

れています。

太鼓門櫓は特殊な構造より彦根山に築城以前に所在していた彦根寺の山門を移築したと伝えられていました。しかし解体修理の結果、前身が寺院の門であることは否定されましたが、移築された門であることは確認されました。おそらく近隣の古城から持ち運ばれたものと考えられます。

太鼓門の前面は矩折とし、外枡形を形成しています。この空間は彦根山を削り出して造成しており、削り残された岩盤が自然の石垣となっています。

㉑本丸御殿礎石

本丸には慶長期に構えられた御殿が幕末まで残されており、現在もその礎石が点在しています。

彦根山の山頂に構えられた本丸には天守と本丸御殿が配されていました。慶長期の築城は大坂城を意識した臨戦体制であり、山上を居住空間としていました。本丸御殿は広間、台所、文庫、局文庫から構成されていました。元和期の築城により山麓に表御殿が建造されると本丸御殿は居館としての役目を終えますが、幕末まで建物は維持されました。現在も天守の前面にはこの本丸御殿の礎石が残されています。

本丸の周囲には、東南面に二十間櫓という多聞櫓が配され、東南面を防御していました。東隅は突出して二重櫓が配されていました。この櫓は月見櫓と呼ばれ、彦根城中では珍しく千鳥破風を持つ構造で、二十間櫓とともにその姿は明治初年に撮影された古写真に写されています。

㉒天守（国宝）

天守東北の玄関は平屋建で、塗込の扉が設けられていました。現在ここから入ることはできません。

㉓天守北側から附櫓《つけやぐら》

天守の東北面には続櫓と多聞櫓が塁線上に連なっています。

㉔花頭窓

花頭窓とは、禅宗寺院の建築に用いられる独特の窓で、城郭では古式の天守に用いられています。彦根城天守では２階と３階に用いられています。

彦根城天守は実に美しい。その美しさは複雑な意匠にあると言えます。

三重三階の構造ですが、その平面は正方形とはならず、桁行十一間、梁間七間と非常に細長で、他に例を見ません。さらに三重の逓減率は低く安定感のある姿となっています。一重目の屋根は千鳥破風と切妻破風を設け、二重目の屋根には大きな千鳥破風と軒唐破風が設けられています。そして三重目の屋根も単純に入母屋で収めるだけではなく、棟側に軒唐破風を設けるという複雑な屋根構造となっています。特に軒唐破風は塗込めとせず、木部に金箔張の飾金具を打ちつけ壮麗さを演出しています。

さらに窓も変化に富んでいます。花頭窓は古式の天守に用いられますが、広島城や犬山城では最上層にのみ用いられています。しかし彦根城では３階だけではなく、２階にも用いられ、優美な天守を演出しています。

ところで３階の高欄は廻縁となるものではなく、花頭窓の外側にただ装飾的に四隅に取り付けられているだけですが、これもまた優美さを演出しているひとつです。

㉕千《ち》鳥《どり》破《は》風《ふ》

一重目の屋根は大入母屋となり、その大棟に押し上げられるように二重目に唐破風が設けられています。木部は塗込められています。

㉖切妻《きりづま》破《は》風《ふ》

一重目の屋根は大入母屋となり、その両袖部を切妻破風として収めています。天守建物で切妻破風を用いるものはほとんどなく、彦根城と讃岐高松城ぐらいです。

❷❼天守石垣角の算木《さんぎ》積み

天守台の石垣は慶長期に築かれたもので、隅石部は石材の長辺と短辺を交互に組み合わせた算木積みとなっています。

❷❽天守石垣

天守台の石垣は牛蒡積みと称されています。自然石を積み上げたように見えますが、よく観察すると矢穴の認められる切石が用いられています。

彦根城には様々な石垣の工法を見ることができます。こうした石垣を見て歩くのも城歩きの楽しみです。

天守台の石垣は俗に牛蒡《ごぼう》積みと称され、自然石を縦に長く差し込んで地震などにも耐え得る石垣と言われています。これまでは自然石を雑に積み上げていることから野面《のづら》積み工法の一種といわれていましたが、よく観察してみると、実はいたるところで矢穴と呼ばれる歯型のような楔痕《くさびあと》のある石材が数多く用いられていることがわかります。これは自然石ではなく、巨石に連続して楔によって穴を穿ち、鏨《たがね》によって割られた石材です。石材間に隙間が多く、間詰め石を打ち込む工法は野面積みではなく、打ち込みハギ乱積と言えます。慶長年間の特徴的な石垣工法です。その後も改修を受けた可能性は低く、彦根城

㉙本丸の石垣

本丸の周囲は高石垣によって築かれていました。下から見上げるとその高さに驚かされます。写真は着見台の隅部で、典型的な慶長年間の石垣です。

中でも最古級の石垣として位置付けられます。『井伊年譜』によると、この天守台の石垣は尾州衆が、鐘の丸の石垣は越前衆が築いたと記されています。

ところで彦根城の石垣では内堀に面する鉢巻石垣や腰巻石垣が最も見学しやすいのですが、本丸、西の丸、鐘の丸など彦根山の山頂部周囲には高石垣が巡らされています。これらも慶長期の石垣として評価できます。本丸高石垣の見学としては太鼓丸から月見櫓の下を巡り井戸郭へ出るのがお勧めです。こうした山上部に対して中堀に面した石垣は打込ハギでも布積みとなり、横目地が通り石材間の隙間も少なくなり、間詰石も丁寧に詰められています。さらに天秤櫓の西側石垣は切石を斜めに交互に積む落し積みで、嘉永7年(1854)に修理されたもので、彦根城中で最も新しい石垣です。

㉚天守天井

天守の天井を見上げると、様々な転用材が用いられていることがわかります。

『井伊年譜』に「天守ハ京極家ノ大津城ノ殿守也、此殿守ハ遂ニ落不申目出度殿主ノ由、家康公上意ニ依て被移候由、」と記されています。これによって彦根城の天守が大津城の天守を移築したものであることがわかります。大津城主京極高次は慶長５年（1600）の関ヶ原合戦に際して東軍に属したため、その前哨戦として西軍に攻められました。二の丸まで打ち破られ、高次は降伏しますが、その天守は落ちなかった目出度い天守として、徳川家康から拝領したわけです。昭和32年から35年にかけておこなわれた解体修理の結果、大津城時代に五重の天守であったものを三重に改修したことが判明しました。その建築年代

㉛天守地階

天守台には小さな穴蔵が設けられ、玄関からこの穴蔵を経て、天守の一階に至りました。

㉜鉄砲狭《ざ》間《ま》

天守外壁の内側は腰羽目板張となり、多くの鉄砲狭間や矢狭間が開けられていました。

については3階の隅木に「慶長十一年六月二日　大工喜兵衛」の墨書が発見され、慶長11年(1606)に完成したようです。

天守1階は三方に入側と呼ばれる広い縁をめぐらせ武者走としました。入側まわりは一間ごとに柱を立て、その内部には三間×三間の部屋が2室設けられていました。2階入側の内部には三間×三間の部屋と、二間×三間の部屋が設けられていました。3階入側の内部には一間半×二間の部屋と、二間半×二間の部屋が設けられていました。柱材や天井材をよく見ると、ほぞ穴の埋められた転用材の用いられていることがわかります。

西の丸三重櫓《にしのまるさんじゅうやぐら》

㉝出曲輪から見る西の丸三重櫓（重要文化財）

観音台からの登城道の正面には三重櫓が配されており、ここでも攻め上る敵は常に頭上からの攻撃を受けることになります。登城道は西の丸前面の堀切によって直角に左に折れますが、そこは三重櫓続櫓からの横矢にさらされることになります。

本丸の西側に石塁によって仕切られた西側に構えられた曲輪が西の丸です。その北西端に配されたのが西の丸三重櫓です。彦根城には三重櫓が2ヶ所あり、ひとつがこの西の丸三重櫓で、いまひとつが山崎郭三重櫓です。古くより西の丸三重櫓は小谷城の天守を移築したものと伝えられています。

しかし、浅井長政の居城である小谷城はまだ天守が出現する以前の城であり、この伝承はまったく信用できません。『井伊年譜』によると「同鴟尾ハ瓦小頭中村与左衛門濱中加兵衛小谷ノ土ニテ造之天守ノ瓦ハ不残小谷ノ土也」とあることより、このような俗説が生まれたの

㉞内側から見る西の丸三重櫓と同続多聞櫓

城内側には三重櫓最上層以外に窓がありません。多聞櫓も扉だけで窓は一切設けられていません。城外にのみ窓があるのは攻撃のためです。

でしょう。もちろん昭和37年におこなわれた解体修理からも移築の痕跡は認められませんでした。現存の三重櫓の創建年代は不明ですが、山上の要衝にあたることより慶長期の築城工事によって構えられたのでしょう。

しかし、嘉永6年(1853)に施された大修理によってほとんどの部材が新しく取り替えられています。櫓は北西隅にあり、北辺と西辺へは続櫓の多聞櫓が石垣にそって接続しています。

西の丸の石垣塁線上にはこの三重櫓以外にも4ヶ所に櫓が配され、内部には藩政に係る文書を収蔵していた文庫が軒を並べていました。

西の丸堀切と登り石垣《にしのまるほりきりとのぼりいしがき》

㉟西の丸堀切と橋

西の丸と人質郭（出曲輪）間には巨大な堀切が設けられていました。西の丸への進入口は北端に枡形門が構えられ、木橋が架けられていました。

彦根城の普請で最も注目されるのが登り石垣の存在です。登り石垣とは別名竪《たて》石垣とも呼ばれ、山上の曲輪より山麓にかけて構えられた石塁のことです。彦根城では５ヶ所にわたって設けられていました（６～７頁参照）。

１本目は鐘の丸南東隅より表門櫓に至るもの、２本目は本丸東隅の月見櫓台より裏門櫓に至るもので、この２本の登り石垣によって表御殿が防御されています。３本目は鐘の丸北西隅より大手枡形に至るもので、これは大手門と連動して敵の斜面移動を封鎖するものでした。４本目は西の丸の堀切北西隅より米出仕切門に至るもので、５本目は同じく西の丸の堀切北東隅より黒門近くに至るもので、この２本は山崎丸よりの斜面移動を完全に封鎖する目的で築かれたものです。いずれの登り石垣も石塁上には瓦葺の土塀が巡らされ、登り石垣の外側に

㊱西の丸登り石垣

西の丸堀切の両端には山麓に向けて登り石垣が構えられ、敵の斜面移動を封鎖していました。

は竪堀も構えられており、防御をより強固なものとしていました。

ところでこうした登り石垣は文禄慶長の役(1592～98)に参戦渡海した豊臣秀吉軍の大名によって朝鮮半島の南岸に築かれた倭《わ》城《じょう》と呼ばれる城に多用された防御施設です。例えば熊川城跡や西浦生城跡では山頂の城郭部分より長大な登り石垣が山麓に所在する港に向かって構えられています。外地での戦いにとって補給線は絶対に守らなければならないものでした。水軍に弱点のあった秀吉軍はその軍港を防衛するためにその背後に山城を構え、港を一体化して防御するために登り石垣が採用されました。文禄慶長の役後こうした山上と山下を一体化して防御する意識は日本国内の城にも採用されますが、その数は決して多くはありません。現存する登り石垣の遺構としては彦根城以外には伊予松山城、淡路洲本城に認められるにすぎません。

山崎郭《やまざきくるわ》

㊲山崎口門と石垣

第一郭の北端に構えられた山崎郭には山崎口が設けられていました。

㊳山崎口三重櫓古写真

山崎口の櫓門と、北西隅に構えられた三重櫓の雄姿が写っています。

内堀以内は第一郭と呼ばれていますが、その北端防御を担っていたのが山崎丸です。慶長期の築城ではこの地に重臣木俣土佐が配され屋敷を構えていたので、土佐郭と称していました。元和期の普請では内堀内部に配置されていた重臣たちの屋敷が第二郭（内堀と中堀の間）に移されます。木俣土佐の屋敷も佐和口脇に移されますが、屋敷の建物はそのまま残され、酒井忠能が幕命によって幽閉された記録も残さ

㊴米出仕切門の石垣

西の丸より米出仕切門に至る登り石垣の塁線は、仕切門を越えて内堀の芝土居にまで延びています。これによって敵兵の斜面移動を完全に封鎖しました。

れており、しばらくは人質曲輪として利用されていたようです。

この山崎郭には三重櫓１基と、二重櫓１基が構えられていました。三重櫓については長浜城の天守を移築したと伝えられています。しかし、明治初年に撮影された写真を見る限り、西の丸三重櫓とほぼ同じ構造であり、江戸時代に造営されたものと考えられます。郭内部は屋敷撤去後に竹蔵が設けられ、軍用の竹が備蓄されていました。

㊵米蔵跡と土塁

現在梅林《ばいりん》となっている南西山麓の帯曲輪には米蔵が建ち並んでいました。

彦根山の山麓は内堀によって囲郭されていましたが、堀と山裾部との間に空白地を設け、帯曲輪《おびくるわ》としていました。こうした空白地は慶長期の築城では重臣たちの屋敷地が配置されていました。元和期の普請で重臣屋敷が第二郭に再配置されると、南東側の空白地には表御殿が、北側の空白地は山崎丸となり、北東側が材木蔵として再利用されます。

さて南西側の空白地は慶長期の築城では重臣鈴木主馬、川手主水の屋敷が配され、大手守備の任についていました。鈴木主馬は病気で移

㊶米蔵水門《すいもん》

米蔵のほぼ中央には内堀に向かって埋門形式の水門が設けられていました。この門を利用して蔵米を船で運搬しました。

封となる井伊直継の家老となり、川手主水は大坂の陣で戦死し、元和期の普請ではこれらの屋敷が撤去され、一時竹蔵となりました。その後この地には米蔵が17棟造営されます。この米蔵は城付米という幕府領からの預り米５万俵を収蔵する目的で造営されたものです。「御城内御絵図」には米蔵群のほぼ中央に、内堀に沿って「米出し」と書かれたところがあります。これが埋門形式の水門で、城米の運搬に使用されていました。

内堀は直接琵琶湖と通じており、大津の彦根藩蔵屋敷へ運搬されました。なお、米蔵跡は現在梅林となっています。

大手門口《おおてもんぐち》

㊷大手門

内堀南西部の虎口が大手門であることはあまり知られていません。彦根城内最大の枡形門が構えられていました。

どうも彦根城の大手は表御殿に面する表門口と思われがちですが、実は内郭の正門である大手門は南西部に構えられた虎口です。内郭には大手門、表門、裏門、黒門、山崎口門が構えられていました。中堀の諸門がすべて枡形としているのに対して、これら内郭の諸門は平虎口や変則的な枡形となっています。そうした内郭で唯一の枡形がこの大手門です。

その構造は正面一の門を高麗門とし、枡形を左折れして二の門を櫓門としています。「御城内御絵図」には「二層多聞櫓」と記されてい

㊸大手門櫓古写真

二重櫓から続く多聞櫓と、その右側に大手御門櫓が見えます。

ますが、明治初年に写された古写真では単層の門櫓が写されています。この枡形の小口と奥行きの比率は２対１という非常に細長い構造となっています。

さて櫓門に続いて内堀に突出して端部を二重櫓とする長大な多聞櫓が設けられています。今、一度古写真を見てください。大手橋に対してこの続櫓が横矢となって、大手正面からだけではなく、常に側射が効くようになっています。また、正面高麗門脇にも単層櫓が構えられより防御を強固なものとしています。

㊹黒門口
内郭の搦手にあたるのが黒門で、水手黒門口と呼ばれていました。

㊺黒門櫓古写真
二重櫓を備えた巨大な櫓門であったことがわかります。

本丸に至るには大手門、表門からと、黒門からのルートがあります。

前者が正規の登城道とするならば、黒門からの登城道は搦手道と呼ぶことができます。この登城道で本丸に向かうと井戸郭を経由しますが、井戸郭の入口は両側から石垣を張り出させて大軍の進入を阻んでいます。

西の丸の石垣から張り出された石垣を見過ごさずに井戸郭へ入りま

㊻天守附櫓と多聞櫓

井戸郭から見上げた附櫓と多聞櫓。頭上より攻撃にさらされることとなります。

㊼井戸郭の高石垣

井戸郭は黒門からの登城道を監視、攻撃するために、その正面に配置されています。郭前面の石垣は城中で最も高く築かれています。

しょう。井戸郭に進入すると天守附櫓とそれに接続する多聞櫓が頭上に迫ってきます。さらに側面には西の丸石垣上に櫓が構えられ、井戸郭が搦手防御の要として築かれたことがよくわかります。

太鼓門から本丸に至る登城道は正面ルートであり、そこからは実に美しい天守の姿を望むことができます。これに対して井戸郭からは頭上よりたたみかける攻撃を目的として築かれた天守の姿を見ることができます。

玄宮園・楽々園槻御殿《げんきゅうえん・らくらくえんけやきごてん》

㊽玄宮園《げんきゅうえん》から天守を望む

延宝6年（1678）に造営された下屋敷の庭園が、文化10年（1813）に再整備され、玄宮園と名付けられました。

延宝6年(1678)、4代藩主井伊直興は下屋敷の普請を開始します。場所は内堀と中堀間の第二郭で、黒門の正面にあたります。慶長期の築城では川手主水の屋敷が置かれていたところですが、主水が大坂の陣で没すると空き屋となっていたようです。下屋敷の敷地面積は表御殿の2倍にもおよぶ広大なもので、その大書院は総槻造りであったことより槻御殿と呼ばれました。下屋敷にはこの槻御殿のほか、玄関、楽々の間や、耐震構造の茶室、地震の間などの建物がありました。この建物部分を楽々園と呼びます。庭園部分は玄宮園と呼ばれる広大な池泉廻遊式の庭園です。

㊾楽々園《らくらくえん》 槻《けやき》 御殿《ごてん》

4代藩主井伊直興によって造営された下屋敷の大書院は総槻造りであったため、「槻御殿」と呼ばれました。

直興没後は使用されず、縮小して維持されました。そして11代藩主直中が文化10年（1813）に大規模な増改築を施し、その隠居所としました。これが現在の玄宮園です。玄宮とは中国の宮廷の庭園を玄宮と呼んでいたことに由来すると言われています。この玄宮園を描いた『玄宮園図』には鳳翔台、臨池閣、魚躍沼、龍臥橋、鶴鳴渚、春風埒、鑑月峰、薩捶林、飛梁渓、\u5661虚亭の十景が描かれ、玄宮園十勝と呼ばれていました。庭園の北側には水門が設けられ、藩主の大洞弁財天や清凉寺への参詣などにはこの水門より御座船で出かけました。

㊿京橋口

中堀に面した京橋口は、文字通り京都に向かって構えられた枡形の城門です。

51京橋口古写真

一の門の高麗門と、二の門の二重櫓門、両脇の多聞櫓が写されいます。

中堀に面しては佐和口、京橋口、船町口の３ヶ所に城門が設けられていました。内郭の城門が大手口以外枡形を採用していないのに対して、これら３ヶ所の城門はすべて枡形となっています。京橋は正面一の門を高麗門とし、枡形を左折して二の門が設けられています。この二の門には二重櫓の門櫓が付され、中堀正面としての城門の威厳を見せていました。さらに枡形の両脇には多聞櫓が続き、防御を強固なものとしていました。一方、中堀の北西隅に構えられた船町口も典型的な枡形で、一の門を高麗門とし、枡形を右折して二の門の櫓門が設けられています。

52船町口

内曲輪南西隅部の船町口は、中堀を利用した水運の拠点船町に構えられた枡形の城門です。

53船町口の雁木

中堀に面した石垣の城内側には塁上の多聞櫓に登るための石段、雁木坂がほぼ完存しています。

枡形に沿う石垣には端部を二重櫓とした長大な多聞櫓が構えられていましたが、残念ながらいずれも明治初年に取り壊されてしまいました。しかし、その土台となった石垣は完存しています。特に城内側には雁木と呼ばれる石段が残されています。

54船町口古写真

中堀に面して長大な多聞櫓が構えられ、左端に枡形が認められます。

旧西郷屋敷長屋門《きゅうさいごうやしきながやもん》

55 旧西郷屋敷長屋門（彦根市指定文化財）

京橋口脇には慶長期の築城より重臣西郷家の屋敷が配されていました。

第二郭には重臣の屋敷が配されていました。慶長期の築城では内郭にも重臣の屋敷があったため、第二郭には3500石から500石までの30軒ほどの屋敷がありました。元和の普請によって内郭の重臣屋敷が第二郭に移ったため元和以降の第二郭は1000石以上の重臣屋敷となりました。特に城門脇には大身の家臣屋敷が配置され、城門防御の任を負わされていました。京橋口脇には慶長年間より西郷伊豫家の屋敷が配置されていました。西郷伊豫は木俣土佐とともに徳川家康の指示によって井伊直政附となった附家老でした。現存する旧西郷屋敷の門は長大な長屋門形式で、本来は西隣の重臣庵原家の門として寛保2年(1742)に建てられたものが、明治16年(1883)の裁判所整備に伴い現在地に移されたものです。門柱脇に潜門を開け、門の両側は長屋となり、門脇の両側には番所の出格子窓がつけられています。

郭外を歩く

御《ご》城《じょう》下《か》惣《そう》絵《え》図《ず》（彦根城博物館蔵）

彦根城下を描いた絵図のなかでも最も詳細かつ正確に描かれたもので、天保7年（1836）に普請方によって作成されたものです。

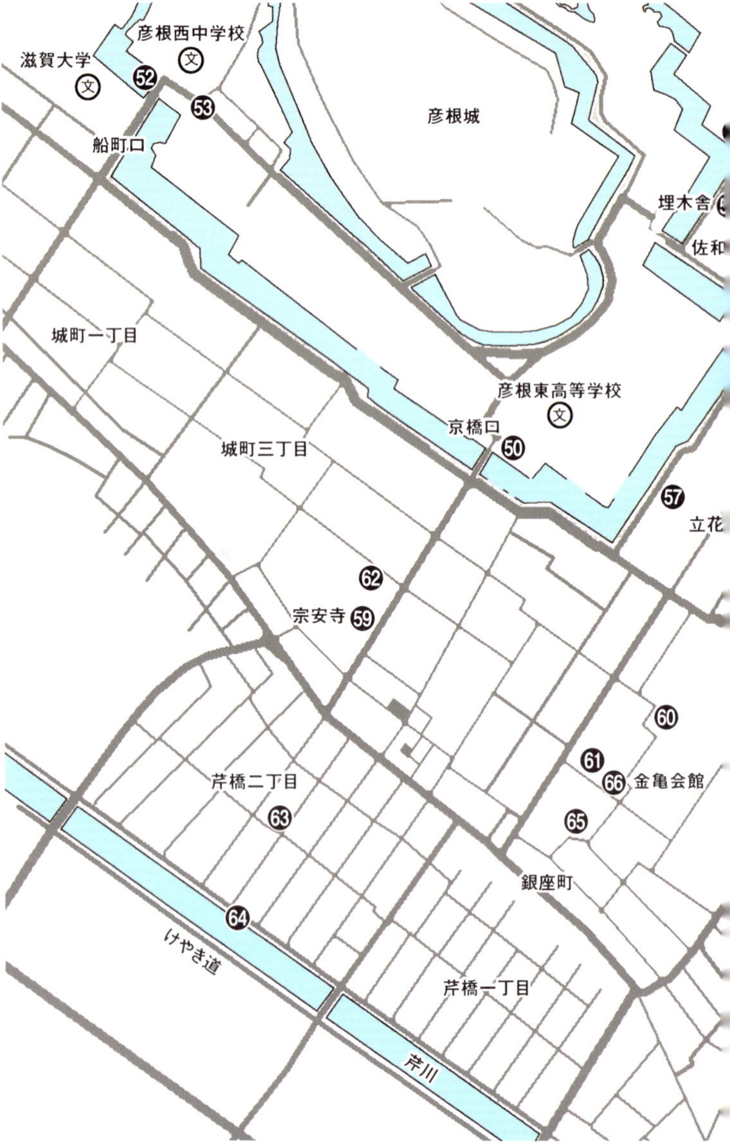
彦根西中学校
滋賀大学
52
53
彦根城
船町口
埋木舎
佐和
城町一丁目
彦根東高等学校
京橋口
50
城町三丁目
57
立花
62
宗安寺
59
60
61
66
金亀会館
芹橋二丁目
63
65
銀座町
64
けやき道
芹橋一丁目
芹川

国神社
彦根市役所
JR彦根駅
8

56 埋木《うもれぎの》舎《や》（国史跡）

佐和口多聞と中堀を隔てて井伊直弼が青年期を送った埋木舎があります。

埋木舎や旧池田屋敷などが配されていたのは第三郭で、中堀と外堀にはさまれた区域で、武家地と町屋が混在する区域でした。ここに配されたのは平士以上の中級武士で、基本的には堀沿いが武家屋敷地区となっていました。佐和口をへだてて、中堀沿いに面した埋木舎は1,000石級の武家屋敷で、第13代藩主となる井伊直弼が17歳から32歳までの16年間を過ごした屋敷です。若き直弼が一生部屋住みとして過ごすことを覚悟して、埋木舎と名付けました。直弼が過ごした屋敷であるとともに、上級武家屋敷の遺構としても重要です。

57旧鈴木屋敷長屋門（彦根市指定文化財）

旧鈴木屋敷長屋門は文久二年（1862）に建てられたもので、典型的な中級武家屋敷の長屋門です。

58旧池田屋敷長屋門（彦根市指定文化財）

旧池田屋敷の長屋門は埋木舎のある一画に残る数少ない中級武家屋敷のひとつです。

㊴宗安寺《そうあんじ》赤門《あかもん》

京橋口より直進する京橋通に面して建立された宗安寺は朝鮮通信使の宿泊所となった寺院です。その山門は赤門と呼ばれ、佐和山城の城門を移したと伝えられています。

彦根城下の外堀に沿って寺町が構えられていました。外堀の南東隅部で、彦根城の大手にあたる京橋筋に至る池須町口を防御するために意識的にこの地に寺院を集中して配したものと考えられます。現在も宗安寺、江國寺、来迎寺、願通寺、大信寺などが集中しています。

宗安寺は浄土宗の寺院で、赤門と呼ばれる山門は佐和山城の大手門を移したものと伝えますが、円柱などを用いており城門の形態とはなっておらず、伝承にすぎないようです。江戸時代に将軍の代替わりや世継の誕生に来朝した朝鮮通信使の正使、副使、従事官の宿泊所となり、赤門の脇にはこの通信使への食料を出し入れした黒門も残されています。また、境内墓地には大坂夏の陣で討ち取られた豊臣方の武将木村長門守重成の首塚があります。

60 蓮華寺《れんげじ》

井伊直政の祈願により箕輪で建立した蓮華寺は直政とともに高崎、彦根へと移ってきた日蓮宗の寺院です。蓮華寺や長松院の周囲は100石から300石の武家屋敷でした。現在の中央町と蓮華寺の通りの角に高札場跡の石碑が建てられています。

61 長松院

慶長7年（1602）佐和山城中で病没した井伊直政は善利川の河原で荼毘に付されます。後にその地に建立されたのが長松院です。

62紺屋町《こんやまち》の商家
内町の紺屋町に残る町屋。彦根城下では武家屋敷はほとんど残されていませんが、町屋は随所に残されています。

外堀のさらに外側、芹川との間には足軽の組屋敷が配され、城下を守る役目を果していました。足軽組屋敷は、慶長11年（1606）に中藪組が置かれ、その後彦根藩の加増に伴い、元和3年（1617）に善利組8組が、寛永6年（1629）に切通上・下組、大雲寺組が設置されました。なかでも善利組の屋敷地は約700戸を数え、最大の組屋敷となっていました。

こうした彦根藩の足軽組屋敷は足軽長屋ではなく、規模は小さくとも武家屋敷の体裁をとっていたことが特徴で、前面に木戸門と塀を構え、主屋の玄関が道路に直接面することはありませんでした。屋敷の間口は五間、奥行十間を基本とし、組屋敷内を通る道路は道幅一間半となっていました。写真63は善利組に残る22俵3人扶持の足軽屋敷で、通路に面して通行人を監視する連子窓が設けられています。

㊸善《せ》利《り》組《ぐみ》足軽《あしがる》屋敷《やしき》

外堀のさらに外側は外町と呼ばれ、足軽屋敷が配置されていました。

㊹芹川《せりがわ》の欅《けやき》並木

現在の芹川は彦根築城によって付け替えられた人工の川で、その護岸用として欅、榎、アキレニなどが植えられました。

65中央町裏の外堀土塁

外堀と土塁の大半は埋められてしまいました。写真は唯一残存する南東隅の外堀土塁。

66弘道館を移築した金《こん》亀《き》会館《かいかん》

彦根藩の藩校弘道館は船町口の北側に置かれていました。その講堂が金亀会館に移されて残されています。

佐和山城跡を歩く

佐和山古図（彦根城博物館蔵）江戸時代に描かれた佐和山城跡の絵図が井伊家に数種類伝えられています。

70 火薬庫
東部浄化センター
宮田町
71 大洞弁財天（長寿院）
72 井伊神社
73 龍潭寺
74 清凉寺
龍潭寺越え
佐和山
佐和山城跡
佐和山町
近江鉄道本線
67 大手口
近江鉄道鳥居本駅
とりいもと
鳥居本町
中山道
湖東焼窯場跡
75
JR彦根駅
彦根ゴルフ場
小野町
彦根

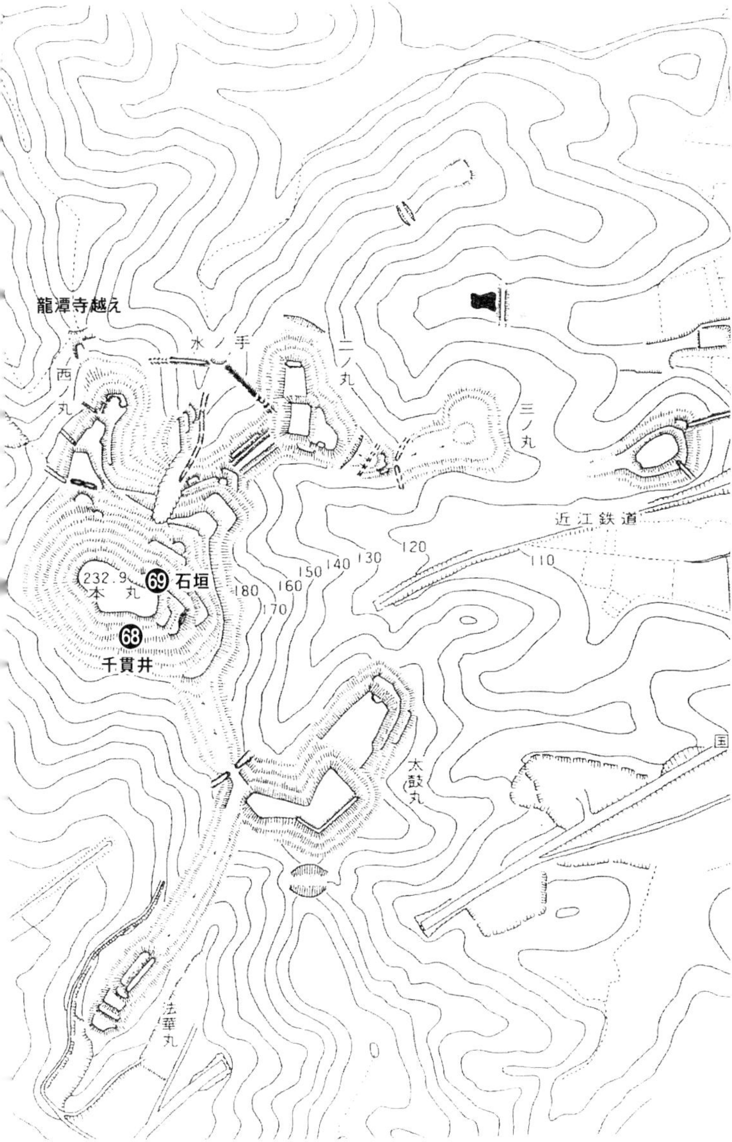
龍潭寺越え
西ノ丸
水ノ手
二ノ丸
三ノ丸
近江鉄道
120
110
130
140
150
160
180
170
232.9
本丸
69 石垣
68
千貫井
太鼓丸
国
法華丸

㊼佐和山城跡大手口

佐和山の山頂部は徹底的に破却されていますが、中山道に面した旧大手には長大な土塁が残されています。

㊽千貫《せんがん》井《い》

佐和山の山頂付近にあったことから千貫のお金にも換えがたい井戸として命名されました。

佐和山城は江南と江北の境目の城として築かれました。戦国時代には浅井長政の前線基地となり、磯野丹波守員昌が城主となります。元亀元年(1570)、長政は織田信長に反旗をひるがえしたため、佐和山城も信長によって攻められます。元亀2年に無血開城した佐和山城には信長の重臣丹羽長秀が入城します。信長は天正4年(1576)の安土築城までに、岐阜・京都間の中継点としてこの佐和山城を度々利用しており、信長の近江における居城的性格を有していました。秀吉政権下では、堀秀政、堀尾吉晴ら

69 佐和山城跡に残る石垣

彦根築城に伴い徹底的に破却された佐和山城跡に残る数少ない石垣遺構のひとつ。

70 火薬庫（滋賀県教育委員会提供）

彦根藩の火薬庫は松原内湖の対岸に置かれていました。発掘調査によってその構造が明らかとなりました。

の重臣が城主となり、天正19年（1591）頃には石田三成が城主として入城します。慶長5年（1600）の関ヶ原合戦で三成が敗れると、東軍の井伊直政、小早川秀秋、田中吉政らに攻められ落城します。直政は徳川家康より三成の旧領を賜り、佐和山城に入城します。佐和山城は彦根築城までの間、井伊直政の居城としても機能していたのです。慶長8年（1603）頃に廃城となりました。現在も土塁、石垣、曲輪、堀切、竪堀などの遺構が残されています。

⑪大洞弁財天《おおほらべんざいてん》

元禄８年（1695）４代藩主井伊直興の発願によって建立された長寿院境内に祀られています。

⑫井伊神社

彦根藩主歴代の祖霊を祀っており、極彩色の権現造りの社殿は見事です。

彦根城の北東、佐和山の西麓には井伊神社、大洞弁財天、龍潭寺、清凉寺、千代神社など彦根藩主井伊家にゆかりの深い寺社が建ち並んでいました。さらに北方の山麓には彦根藩の火薬庫が置かれていました。清凉寺は曹洞宗の寺院で佐和山城の大手にあった清凉院と元来この地にあった月峯庵を合わせて清凉寺とされました。井伊家より寺領百俵が与えられ同家累代の菩提寺となりました。なお佐和山城時代には石田三成の重臣島左近の屋敷地であったとも伝えられています。龍潭寺は井伊家の本貫地である遠

73 龍潭寺《りょうたんじ》

遠江井伊谷にある井伊家の菩提寺を移したもので、方丈南庭と書院東庭は開基昊天によって作庭された枯山水と池泉式庭園です。

74 清凉寺《せいりょうじ》

井伊直政が佐和山入城と同時に石田一族の菩提を弔うために建立しましたが、後には井伊家累代の菩提寺となりました。

75 湖東焼窯場跡（彦根市教育委員会提供）

文政12年（1829）絹屋半兵衛が始めた湖東焼は天保13年（1842）井伊直亮《なおあき》が藩窯として召し上げ、直弼《なおすけ》の時代に窯場が拡大されました。

江井伊谷の龍潭寺第五世昊天《こうてん》を迎えて元和3年（1617）に建立されました。名庭園のほか、蕉門十哲のひとり、森川許六の描いた襖絵が残されています。庫裏に吊るされた梵鐘は佐和山城の陣鐘と伝えられています。大洞弁財天長寿寺は彦根城の鬼門除けとして建立されたと伝えられますが、山門より望む彦根城は額縁のなかに描かれたようで、実に美しい姿を見ることができます。これら寺社は江戸時代には松原内湖に面しており、藩主の参詣には御座船が用いられました。

彦根城略年表

西暦	和暦	記事
1601	慶長6	2月、井伊直政佐和山入部
1602	慶長7	2月1日、直政42歳で死去
1604	慶長9	築城許可、7月頃までに普請開始（慶長8年説もあり）
1604	慶長9	鐘の丸完成、本町より町屋の地割りを開始
1606	慶長11	天守完成、足軽中藪屋敷設置
1614	慶長19	大坂冬の陣で一時工事中断
1615	元和元	2月、直孝藩主になる。5月夏の陣。7月頃から工事再開か
1617	元和3	善利組8組設置
1622	元和8	城廻、石垣高塀緒門大半完成。松原口御門外橋完成。城郭及び武家屋敷完成
1623	元和9	表御殿完成か
1629	寛永6	足軽切通上下組・大雲寺組屋敷新設
1636	寛永13	武家屋敷地、江戸町出来る
1641	寛永18	善利新町新立
1642	寛永19	西中島埋め立てられ、武家屋敷地となる
	寛永20	城下西側、西ケ原の築地普請開始
1644	正保元	善利中町・大橋町・岡町・沼波町新立
1645	正保2	西ケ原片町の諸町・北野寺裏門から馬場町見附までの3区、内町の油屋町南側町屋の続きから埋堀横町までの4区、江国寺隣りより妙法寺裏前までの6区、江戸町侍屋敷等完成
1679	延宝7	直興の代、槻御殿、玄宮園（欅の御庭）完成
1706	宝永3	天秤櫓修理
1767	明和4	二の丸佐和口多聞櫓火災、明和6年より再建
1784	天明4	天秤櫓修理
1799	寛政11	藩校稽古館創設（天保元年、弘道館と改称）
1813	文化10	直中、隠居所として玄宮園再整備
1800	寛政12	直中、表御殿能舞台建造
1826	文政9	太鼓門櫓修理
1853	嘉永6	西の丸三重櫓修復
1854	嘉永7	天秤櫓、西の石垣・建物修理
1878	明治11	明治初年より取り壊しが始まったが天皇の命により、天守以下主要建物保存
1951	昭和27	天守国宝指定
1955	昭和30	天守解体修理開始
1960	昭和35	二の丸佐和口多聞櫓の一部を外観復元
1986	昭和61	表御殿復元、翌年より彦根城博物館として開館
1993	平成5	天守、西の丸三重櫓の屋根・壁の修理開始

あとがき

彦根城をはじめて訪れたのは中学３年生のときでした。そのとき購入したのが昭和44年に再版された、中村不能斎の『彦根山由来記』でした。その後様々な彦根城に関する書籍を目にしましたが、未だにこの由来記を超える彦根城の書物には出会えません。彦根藩士であった著者の想いが由来記に込められているからでしょう。

本書は平成の由来記のつもりでまとめてみました。遠く足元にも及ばないとは思いつつ、近年の城郭研究、特に城郭構造から彦根城に迫ってみました。いかがだったでしょうか。彦根城は建物だけではなく、その土木工事にこそ魅力が満載されています。

本書によって城郭構造の面白さが少しでもご理解いただけたなら幸甚です。

中　井　　　均（なかい　ひとし）
1955年生まれ。龍谷大学文学部史学科卒業
滋賀県立大学人間文化学部教授

■主な著作
『近江の城―城が語る湖国の戦国史―』サンライズ出版 1997年
『近江の山城ベスト50を歩く』（編著）サンライズ出版 2006年
『近江の山城ベスト50を歩く』（編著）サンライズ出版 2006年
『歴史家の城歩き』（共著）高志書院 2016年
『ハンドブック日本の城』山川出版社 2016年
『城館調査の手引き』山川出版社 2016年

彦根城を極める

2007年2月17日　第1版第1刷発行
2017年4月20日　第3版第1刷発行

著　者／中　井　　　均

発行者／岩　根　順　子
発行所／サンライズ出版
滋賀県彦根市鳥居本町655-1　〒522-0004
TEL 0749-22-0627　FAX 0749-23-7720

ISBN978-4-88325-317-3